© 2025 - Anne Policet-Pichon
ISBN : 978-2-3225-6043-1
Dépôt légal : avril 2025

Autrice : Anne Policet-Pichon
Illustrations : Caro de L'Amurette (@l_amurette)
Mise en page : Gaëtan Pichon

Édition : BoD • Books on Demand,
31 avenue Saint-Remy, 57600 Forbach, bod@bod.fr
Impression : Libri Plureos GmbH,
Friedensallee 273, 22763 Hamburg (*Allemagne*)

Toute représentation ou reproduction intégrale, ou partielle, faite sans le consentement de l'autrice ou de ses ayants droit ou ayant cause, est illicite. Cette représentation ou reproduction, par quelque procédé que ce soit, constitue une contrefaçon sanctionnée.

# Transmission(s)

Anne Policet-Pichon

## Avant-propos

Petite, je jouais souvent avec les mots. Je m'amusais de leur rythme et de leur musicalité, jusqu'à inventer ma propre langue. Que ces moments de complicité étaient précieux, où je riais aux éclats de mes dialogues improvisés avec mon entourage !

Alors quand j'ai découvert l'existence des ateliers d'écriture créative, j'ai senti qu'il était temps d'écouter cet appel à nouveau. S'amuser des mots, retrouver dans les propositions de Nathalie Meyer de faire son « panier de mots » constitué à partir d'un thème, le plaisir de rire des phrases sorties de son imagination.

C'est ce « panier de mots » qui m'a inspirée pour décliner le thème de la transmission. De cette quarantaine de mots de mon panier, j'ai laissé pleuvoir une « pluie de mots » provenant de chacune des lettres les constituant. Une pluie sortie de mon inconscient qui s'imposait à moi sans trop savoir pourquoi : une connexion au thème, une image, un souvenir, une sonorité, la lettre C pour Canada...?

Comme une consigne qui m'aurait été donnée dans les ateliers d'écriture, « contrainte » à laquelle je n'ai pas dérogé, j'ai écrit des textes où chacun de ces mots devait se retrouver. Ils se sont révélés à moi, et je n'aurais pas pu les rédiger ainsi si l'on m'avait demandé de coucher sur papier mes idées sur la transmission, selon un plan précis et intellectualisé.

Puis une fois ces textes écrits, j'ai senti que c'était là une très belle occasion de les faire illustrer par ma nièce dont le talent m'émerveille et l'imagination débordante me rejoint tant.

J'espère que vous prendrez autant de plaisir à les lire que j'ai eu à les écrire au fil de l'eau, à les découvrir comme bon vous semble. En vous laissant inspirer et toucher par les mots !

## Préface

L'envie de transmettre a été le vent dans tes voiles pour ce voyage en écriture.

*Dire ta singularité de femme.* Avec tes mots et tes émotions, toutes tes couleurs, avec ta Liberté mais aussi et surtout tout l'Amour qui t'anime.

Ton désir résonne avec le mien. Libérer la parole des femmes en offrant des espaces pour oser, des instants pour explorer la sororité, ouvrir les vannes, lâcher les mots, s'assumer, assumer ses idées et les transformer en réalité.

Si la définition de « sale caractère » signifie avoir un esprit libre, une certaine indépendance, un souci de justice et une dose de non-conformisme alors je sais ce qui nous relie.

*Depuis le rivage,*
*Où nos traces de pas viennent s'effacer sur le sable,*
*Nous embarquons avec toi pour un voyage en Poésie.*
*Riches de ce qui nous a été légué,*
*Le regard tourné vers l'horizon,*
*Tes îles deviennent nos îles.*

Merci Anne.

Nathalie Meyer
animatrice de l'atelier «*Femmes en écriture*»

À ma famille.
À mes frères et sœurs humains.

C'est dans une maison à l'île d'Oléron que tout a commencé. Qui aurait cru que ce plein ouest provoque en moi une telle déferlante ? Cet horizon, où plus jeune je regardais toujours au loin, pleine de promesses et d'espérance, avec une envie d'ailleurs et de voyage !

De la passe vers l'océan au bout du chemin a émergé de façon presque intime d'abord, puis plus insistante, la question du passage d'une génération à une autre, d'un âge à un autre, d'une période à une autre...

Et finalement, comme pris dans un ressac, le mot « transmission » m'est apparu comme une évidence : transmission de la mère que je suis, transmission de la femme que je suis, transmission d'humain à humain sur cette terre qui nous accueille...

Permettre le passage. Faire parvenir. Communiquer ce que j'ai reçu de cette vie, au travers les âges. Faire passer d'une personne à une autre. Contaminer, pourquoi pas... Contaminer de vie, d'espoir parfois, d'une force qui me dépasse, souvent.

C'est ainsi que ce recueil est né : du roulis des vagues aux différentes évocations du mot *transmission*. Chacun et chacune d'entre nous pourra peut-être se reconnaître dans ces textes tous personnels et universels à la fois.

# Transmission

É crire, écrire pour transmettre. *Tour à tour*, passer du présent au passé, du futur au présent ou inversement. Se demander pourquoi après tant d'*années*, ce besoin de *retour* en arrière et d'*imaginer* la suite. Est-ce pour échapper à la routine, à un *système* dans lequel une vie bien huilée pourrait s'engoncer ?

Je prends l'*initiative* de dire, de revenir aux *origines*. Raconter la *maternité*, la *naissance* d'un enfant. M'adresser à toutes mes *sœurs*. Pour qu'elles arrêtent de *souffrir*, et que ce temps qui passe puisse être la promesse d'une vie riche et remplie, pleine de joies et de peines. Rendre à la femme que je deviens sa vraie *nature*... Et déposer les armes.

**T**our à tour
**R**etour
**A**nnées
**N**aissance
**S**ystème
**M**aternité
**I**maginer
**S**oeur
**S**ouffrir
**I**nitiative
**O**rigine
**N**ature

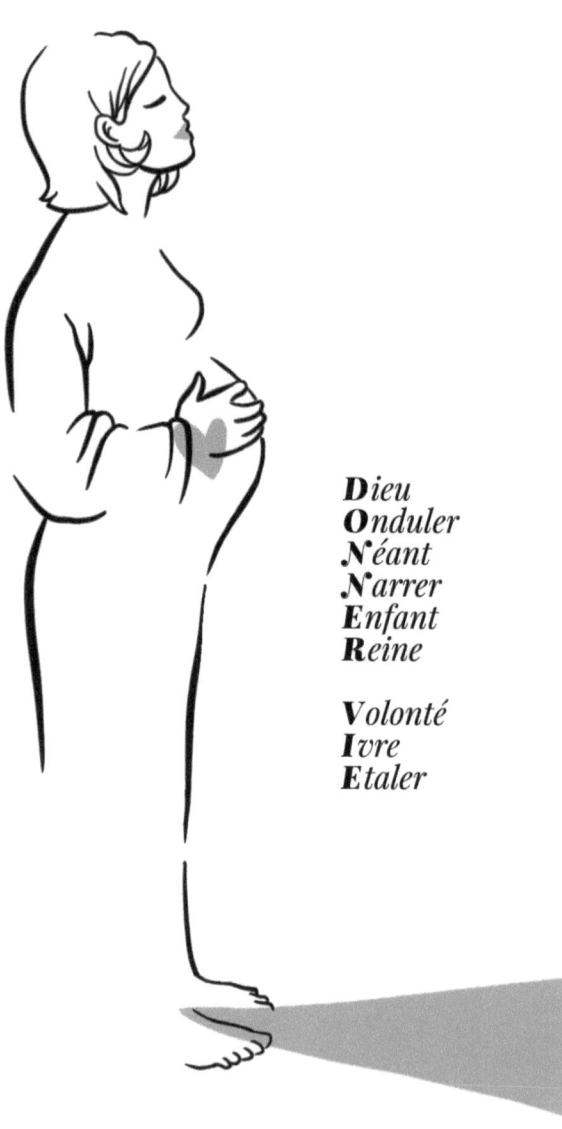

**D**ieu
**O**nduler
**N**éant
**N**arrer
**E**nfant
**R**eine

**V**olonté
**I**vre
**E**taler

# Donner vie

D onner la Vie, puis transmettre. *Ivre* de la présence de *Dieu*, sortir du *néant* et regarder son *enfant*, ce petit miracle de l'infini. C'est ce que j'ai envie de vous *narrer* et de partager. Est-ce *étaler* ma vie ? Telle une *reine* sur son royaume qui imposerait sa *volonté* à ses sujets ?

Non, simplement dire. Laisser *onduler* à la surface de mes mots ce que j'ai au plus profond de mon âme, transmettre cet amour qui m'habite et oser le conter. Car le divin n'est jamais très loin, en toute chose, y compris dans chaque mot.

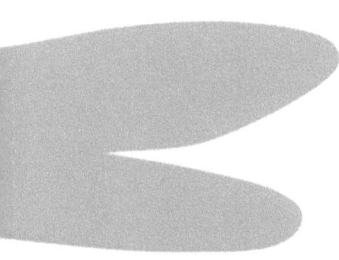

Je n'ai pas eu de *fille* pour lui transmettre le *flambeau* de la *maternité*... Car il s'agit bien de cela : transmettre de mère en fille tous ces gestes universels, ancestraux et finalement cet *amour* pour savoir s'occuper de son *bébé*.

Certaines féministes me donneraient presque de l'*urticaire*. Faire croire que nous serions semblables est une pure hypocrisie et loin d'être une *embellie*. Hommes et femmes sont bel et bien différents et cette différence réside dans la capacité à donner la vie. Loin d'être une *limite* et une régression, devenir mère est un pouvoir et une responsabilité, immenses.

Ressentir, dans son ventre, ce petit être se transformer, bouger, réagir aux sons de notre voix ou à nos émotions. Puis accoucher, mue par une force abyssale qui nous relie aux entrailles de la Terre et de toutes les femmes avant nous ! Nourrir à son sein ce tout-petit, lui donner tout ce que l'on a de meilleur pour le fortifier et l'envelopper d'*amour*, pour la vie... C'est ce qui nous rend puissantes et uniques, au-delà de tout.

Passez le message à vos *filles* ! Arrêtez de leur inoculer vos peurs et vos dégoûts : elles seront tellement plus *armées* !

Si j'avais une *fille*, je lui passerais ainsi le relai pour que plus jamais elle ne se pense inférieure ou plus faible, ou trop vulnérable. Car donner la vie est ce que l'on a à transmettre de plus beau et en cela, aucun homme ne pourra nous égaler...

**F**ille
**L**imite
**A**rmée
**M**aternité
**B**ébé
**E**mbellie
**A**mour
**U**rticaire

# Flambeau

# Émotions

**E**talage
**M**aman
**O**deur
**T**orture
**I**dée
**O**nirique
**N**ourrisson
**S**oubresaut

Q uelles *émotions* me traversent en ce moment ! Devrais-je en faire *étalage* ou bien les garder pour moi ?

N'avez-vous jamais reniflé l'*odeur* d'un *nourrisson* ? Quelle *maman* ne s'est délectée du parfum unique de son enfant, n'a mis son nez dans son cou pour le humer et s'en abreuver jusqu'à plus soif ? Rien d'*onirique* dans ce que je vous raconte-là, tout est plutôt animal.

Par moments, ma mémoire fait des *soubresauts*, tressaille. Il me semble que c'était hier que mes enfants étaient accrochés à mon sein, qu'il m'était donné de les embrasser et de les sentir tout mon saoul... Et maintenant, l'*idée* qu'ils partent, que mes oisillons quittent le nid me déchire.

Certaines pourraient le vivre comme une *torture*. Pourtant, même si le temps des câlins s'éloigne, je veille mes petits comme une louve. Je les laisse partir parce que la vie est ainsi et là est mon rôle de parent.

Qu'ils s'envolent, explorent le monde et construisent leur vie mais ces *émotions*-là sont du tréfonds de mes tripes. Elles ne se contrôlent pas, elles s'accueillent. Ne pas les dire, ne pas les exprimer, serait passer à côté de cet amour qui vit. Je continuerai de le transmettre à mes enfants tout au creux de mon nid vide et jusqu'à l'éternité.

# Transition

J'ai 56 ans... Cela fait quelques années que je flirte avec cette cinquantaine. Véritable *tuile* pour la plupart des femmes, qui nous tombe dessus. Années de la ménopause qui, telles un *roulement* de tambour, nous annoncent la fin d'une époque, et viennent peu à peu *ternir* notre vivacité et notre beauté.

Et si c'était l'*occasion* de faire une pause ? Car dans ménopause, il y a le mot « pause » ! Un arrêt sur image pour me regarder *nue* et sans *illusion*. Sur ce passage inéluctable de la jeunesse à la maturité, puis peu à peu de la maturité à la vieillesse. J'aurai beau mobiliser toute une *armée* de crèmes ou autres huiles de beauté, inutile de se mentir. Je suis devenue une femme d'âge mûr, mais une femme *nantie* !

N'est-ce pas l'occasion aussi de se retourner sur ces « belles » années et de constater tout ce *savoir* accumulé ? *Savoir* sur la vie, *savoir* que le temps qui passe nous permet aussi de grandir, de gagner en nuances, et *irradier* de cette belle maturité ! Je n'ai jamais autant aspiré à prendre le temps... temps de se poser, d'écrire, de dire et de m'arrêter. J'ai 56 ans et je vis une *transition* vers une autre phase de ma vie, mais aussi vers un monde qui change et qui s'ouvre. Je suis en *transition* !

**T**uile
**R**oulement
**A**rmée
**N**ue
**S**avoir
**I**rradier
**T**ernir
**I**llusion
**O**ccasion
**N**antie

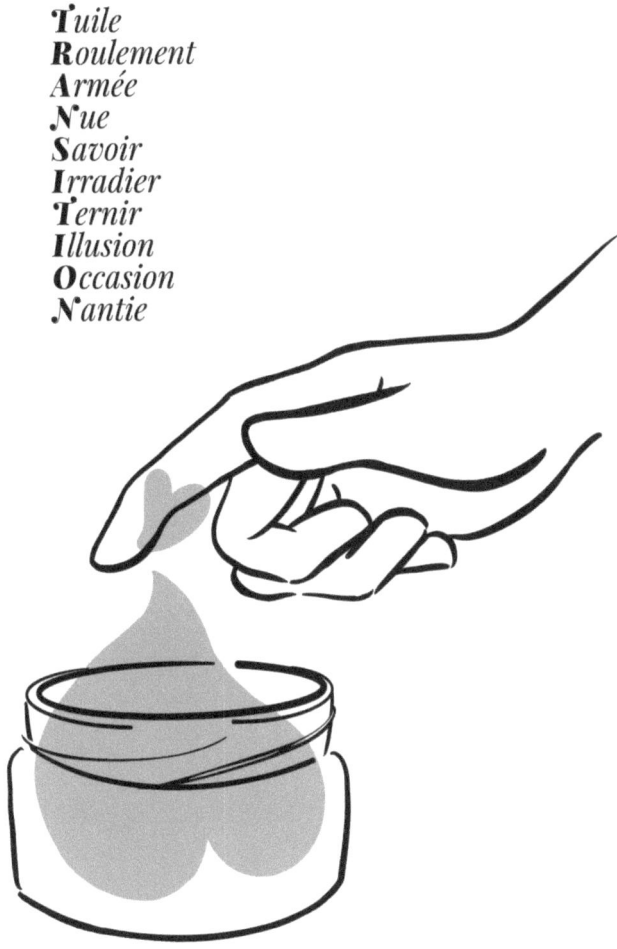

**C**heveu
**A**rgent
**R**ousseur
**A**ccentuer
**C**ouleur
**T**enue
**E**tudier
**R**oturière
**E**bouriffée

# Caractère

Quel sale *caractère* ! Me disait-on trop souvent... J'ai imprimé cela au plus profond de moi et je fus pendant longtemps persuadée que rien de bon ne pourrait m'arriver avec une telle personnalité !

Était-ce dû à ma *rousseur* ou à mes *cheveux* bouclés indomptables et parfois totalement *ébouriffés*, venant *accentuer* ce côté rebelle ? À moins que ce ne soit cet esprit « vif-*argent* », comme semblait parfois le souligner ma mère, lorsque j'interpellai mes interlocuteurs avec mes questions ou mes argumentations interminables.

Cela me prit des années avant d'arriver à dompter ce foutu « *caractère* ». Je partis *étudier* à la Capitale et au contact de ces milieux parisiens, je réalisai que loin d'être une *roturière*, je savais m'adapter, avec un plaisir et une curiosité non dissimulée, à chacune de mes nouvelles rencontres.

Peu à peu, je pris conscience de mes *couleurs* et de mes capacités. Je compris alors que là où l'on m'avait *tenue* pour une fille difficile, mon *caractère* bien trempé n'avait d'égal que ma singularité. Que tout ce qui me tenait lieu de « sale *caractère* » n'était autre que ce que l'on avait cherché à me transmettre et ce dont j'avais hérité : un esprit libre, une certaine indépendance, un souci de justice et une dose de non-conformisme...

Ne dîtes jamais à votre enfant qu'il a mauvais *caractère* : il ou elle est unique, reconnaissable entre tous et c'est pour cela que vous l'aimez !

**C**aracoler
**H**ululer
**E**minence
**M**orsure
**I**llimité
**N**œud

# Chemins

Lorsque je me promène dans la forêt, que je *caracole* sur les sentiers de randonnée, il m'arrive d'entendre la chouette *hululer*. Aurait-elle quelque chose à m'annoncer ? Au crépuscule du jour, telle une *éminence*, voudrait-elle me prévenir que mon temps n'est pas *illimité* ?

Je crains pourtant de moins en moins la *morsure* des années. Je dirais même qu'il m'est donné de savourer pleinement tous ces instants cumulés.

J'aime vagabonder tout en marchant. Le *nœud* de mes pensées se dénoue. Mon esprit devient plus lucide, ma pensée plus claire, et c'est comme si de la nature ainsi entourée, je retrouvais la simplicité, un sens inné de ce qui devrait être. Alors, chaque chose semble trouver sa place. Chaque morceau de vie forme un tout, le puzzle de mon histoire...

# transformation

Ah l'écriture, ô mon *âme* ! D'où me vient cette énergie qui m'anime et me transporte ? Depuis que j'écris toutes ces *fables* ou ces *oraisons*, il me semble *tenir* en mes mains un trésor *national* ! Serait-ce la *naissance* d'une œuvre monumentale ? Ou bien d'un simple *ornement*, véritable *marmelade* de mon esprit en dérive qui perdrait la raison ?

Je me sens *animée* par une douce folie qui, de ma vie *rangée*, tire le suc et la substantifique moelle pour en faire du bon pain, dont les tranches seraient à *rôtir* et embaumeraient tous les matins du monde !

Jamais je n'aurais imaginé *traduire* ainsi tout ce que l'écriture m'apporte ! Comment *ignorer* cette musique qui semble me guider vers un nouveau *solfège*, dont je découvre un peu plus chaque jour, les notes magnifiques et subtiles pour en faire les gammes de ma *transformation*... et rejoindre mon piano.

**T**enir
**R**angée
**A**me
**N**aissance
**S**olfège
**F**able
**O**rnement
**R**ôtir
**M**armelade
**A**nimer
**T**raduire
**I**gnorer
**O**raison
**N**ational

# Message !

**M**urmure
**E**lan
**S**aveur
**S**auter
**A**lléger
**G**ratuit
**E**couter

*Écouter* le *murmure* de mon cœur... Le laisser aller à cet *élan* céleste. *Sauter* dans l'inconnu, soutenue par tous mes anges et le divin. Croire que ce don, la *saveur* de ma vie, tout sur cette terre nous a été donné. Cet amour *gratuit* et inconditionné.

Qu'en avons-nous fait ? *Écouter* son cœur parler et s'*alléger* des mille maux qui accablent notre humanité, pour renaître aussi légère qu'une plume, qu'une âme délivrée.

Jamais je n'aurais imaginé découvrir par l'écriture mon côté déjanté. Contre toute attente, j'ai bel et bien une propension à la fantaisie. C'est non sans *humour* que j'arrive finalement à *héler* l'attention de mes lecteurs !

De là à *mourir* de rire, il ne faudrait pas exagérer, mais il semble que je sache *utiliser* les mots, un peu comme les *oriflammes* de ma pensée, et que finalement, il puisse se dégager de mes écrits quelques notes de dérision.

Bien sûr, vous ne rirez jamais à l'*unisson* ! Certains esquisseront peut-être même à peine une *ride* ... Mais il me plaît bien plus que je ne l'aurais cru, de laisser éclater les feux d'artifice de mon imagination et s'exprimer toute ma joie enfantine. Cet enfant qui sommeille en vous, le laisserez-vous vous surprendre aussi ?

# Humour

**H**éler
**U**nisson
**M**ourir
**O**riflamme
**U**tiliser
**R**ide

**S**ituation
**E**plucher
**N**oir
**S**oeur
**I**dentité
**B**albutiement
**I**rriter
**L**armes
**I**térative
**T**rouble
**E**motion

# Sensibilité

J'ai longtemps pensé que ma *sensibilité* était une faiblesse avant d'en faire une force.

Lorsque je me mettais à *éplucher* une situation que j'avais vécue, à la détricoter, mille idées *noires* pouvaient m'envahir, jeter le *trouble*. Trop d'*émotions* à la fois. J'avais beau éprouver de la joie, celle-ci était de courte durée. Dans le même temps, ma perception de tous les détails, des personnes et de leurs propres *émotions*, venait complexifier la simple joie ressentie. Je basculais alors dans une forme de tension où des petits riens pouvaient m'*irriter* et je passais alors du rire aux *larmes*.

Cette boucle *itérative* de mon fonctionnement s'est répétée pendant longtemps. À côté de ma *sœur* si discrète et semblant peu montrer ses sentiments, je pouvais paraître inconstante et lunatique... Pourtant, je n'étais qu'au *balbutiement* de ma compréhension du monde et de moi-même.

Depuis, j'ai fait de cette grande *sensibilité* une force. Elle me sert à ressentir pleinement les nouvelles situations... Peu de choses m'échappent. Je peux être une véritable éponge. Pourtant, je ne me laisse plus envahir par ce trop plein d'informations. J'accueille puis observe ce qu'elles ont à me dire. J'essaie de ne pas me précipiter à donner une réponse ou prendre une décision. Ma *sensibilité* me fait vibrer, ressentir, éprouver finement ce qui se passe et ceux qui m'entourent. Elle nourrit mon écriture et peut se transmettre avec joie et sans modération !

**T**erre
**R**epos
**A**nnées
**N**ihilisme
**S**upposer
**P**arcourir
**O**livier
**R**efus
**T**itre
**A**ction
**T**hésauriser
**I**nitiative
**O**uragan
**N**ature

*Terre, Terre* ! Me lance ainsi cette voix intérieure. Comme si de mes *années* d'errances, le *repos* m'était enfin annoncé. *Nihilisme* de cette vie d'*action* où la prise d'*initiatives* est *supposée* nous donner la promesse d'un *titre*.

Enfin la *nature* m'offre l'occasion de savourer et de profiter d'une douce sieste sous les *oliviers*. Comme un *refus* d'obtempérer. Cesser de *thésauriser* et laisser passer l'*ouragan* de cette vie trépidante.

Et si la *transportation* sonnait enfin le moment de s'arrêter, loin de me perdre, pour mieux me retrouver ? Tel est pris qui croyait prendre. Un exil, non forcé, pour *parcourir* mon monde intérieur. Après avoir vécu l'expatriation, la *transportation* dans les contrées lointaines de mon âme devient mon salut.

# Transportation

# Connaissance

Comme un *oisillon* quittant le *nid*, je me suis envolée vers le *Canada* lorsque j'avais 20 ans. Je ne connaissais pas grand-chose à la vie mais j'avais soif d'*indépendance* et j'étais amoureuse. Joli prétexte pour découvrir ce pays aux *espaces* sauvages. J'y passai finalement sept merveilleuses années. De ces années dans le grand froid, je retiens bien sûr la chaleur des Québécois et la simplicité de leur accueil. Cela me prit du temps de m'y faire des amis mais ils le furent pour la vie.

Ce que je retiens par-dessus tout, c'est le *clair* de l'hiver. Ces lacs gelés et ces paysages lumineux s'étendant à l'infini des *Appalaches*, de douces montagnes et de forêts d'épinettes qu'il me plaisait de conquérir en randonnées raquette ou à ski de fond

| | | |
|---|---|---|
| **C**anada | **A**ppalaches | **A**utochtone |
| **O**isillon | **I**ndépendance | **N**eige |
| **N**id | **S**irène | **C**lair |
| **N**ature | **S**ournois | **E**space |

avec mes amis. Il faut aimer la nature avec un grand N et la *neige* pour aimer ce pays. Peu à peu, j'ai découvert aussi le passé d'un continent dont les peuples *autochtones* ont été bien malmenés et meurtris de génération en génération.

C'est aujourd'hui l'heure des excuses officielles où les Premières Nations obtiennent enfin la reconnaissance de leurs cultures et de leurs blessures. Il est bien tard pour ces descendants qui ont tout perdu de leur héritage et de leurs traditions. Ce passé lourd et *sournois* s'est immiscé dans les familles et se révèle maintenant au grand jour.

Lorsque je vivais à Montréal, j'avais été fascinée par le petit musée McCord qui faisait la part belle à cet héritage mais ne disait rien des souffrances endurées. Une visite plus récente m'a permis de mesurer, par une très belle exposition, le chemin parcouru par ces peuples et la très grande dignité de leur pardon. Comme d'autres pays du Commonwealth, le Canada fait son mea culpa d'une période de colonisation cruelle et occultée de son Histoire.

Les Québécois francophones ne sont pas en reste. Jusque dans les années 60, ils ont été pris en étau entre l'héritage des colons de la Nouvelle France et la forte emprise de l'Église, également écrasés par la domination anglo-saxonne, culturelle et économique.

Est-ce tout cela que j'ai ressenti lorsque les *sirènes* de mon retour en France se mirent à sonner ?... La connaissance d'un passé qui ne m'appartenait pas et qui rejaillissait parfois dans mon quotidien de « maudite Française » pourtant bien intégrée, a-t-elle dicté ma décision ? Elle m'a en tout cas permis de me rendre compte de mon appartenance et de mes racines. Elle m'a peut-être aussi donné la force de faire face à mes propres démons et de rentrer en France pour mieux les affronter, en mesurant la chance d'avoir été finalement plus que choyée et aimée.

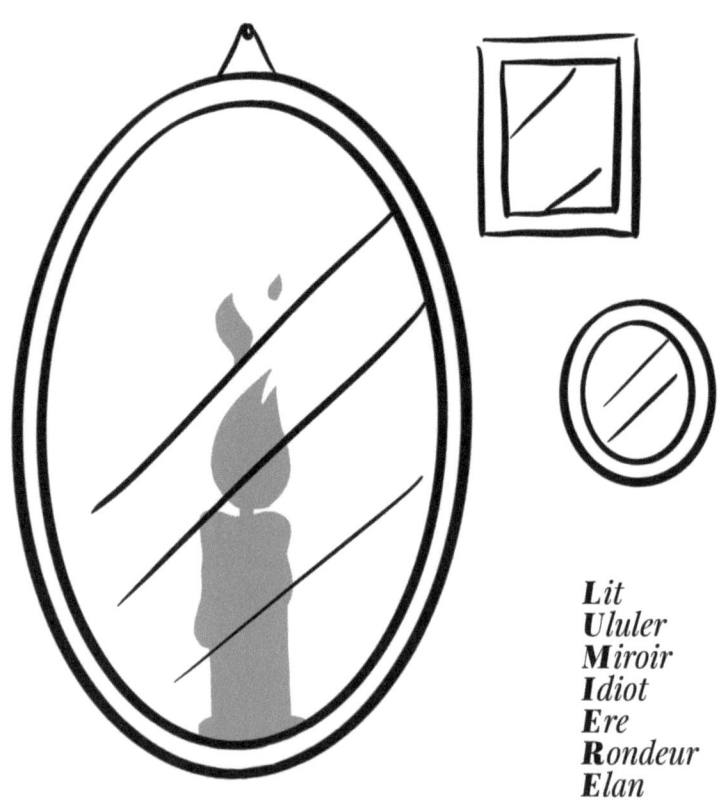

**L**it
**U**luler
**M**iroir
**I**diot
**E**re
**R**ondeur
**E**lan

# Lumière

Seule dans mon *lit*, j'entends au loin la chouette *ululer*... C'est *idiot* mais en cette chaude nuit d'été, je ne suis pas très rassurée. Mon *élan* premier serait d'allumer la lumière, mais alors, j'attirerais moustiques et regards et je veux rester discrète et demeurer cachée.

L'*ère* est à l'hyper-connexion, mais moi, j'ai décidé de rester isolée. Nul besoin de savoir où je suis. Face à mon *miroir*, je suis ma seule compagnie. C'est une drôle de sensation mais c'était nécessaire. Partir explorer la *rondeur* de la terre a cela de bon. Mon voyage me permet de déconnecter et de me retrouver. Rester solitaire tout en me faisant des amis. Je finirai bien par retrouver mon chemin vers la *lumière* !

# Culture

M e voici à aborder cette fameuse *culture*, que l'on transmettrait à nos enfants. Cette richesse dont nos parents nous auraient *comblés* de multiples façons.

Inutile de *tergiverser*, je peux dire sans *équivoque* qu'à moins d'avoir été *lobotomisé*, il semblerait bien qu'elle se transmette de générations en générations. Elle marque nos cellules et notre cerveau d'une manière certaine mais parfois, bien *rocambolesque*.

Il serait ici peut-être *utile* de me rappeler qu'aux origines de mes ancêtres, se sont greffées quelques paysanneries. C'est seulement au contact de milieux plus *urbains* que certains sont devenus des citadins.

Ma culture s'ancre non seulement dans les racines qui me relient à mes aïeux et à leur terre mais elle est aussi faite d'un kaléidoscope de toutes les cultures que j'ai côtoyées au gré de mes voyages et des lieux où j'ai pu habiter.

Difficile de dire celle dont mes enfants auront hérité !

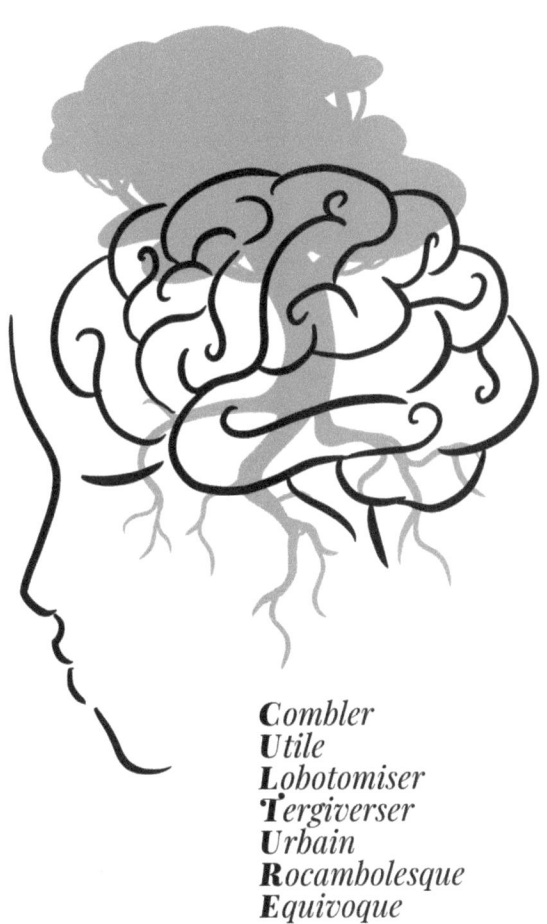

**C**ombler
**U**tile
**L**obotomiser
**T**ergiverser
**U**rbain
**R**ocambolesque
**E**quivoque

**P**ourquoi
**A**nathème
**S**ens
**S**évérité
**E**toile
**U**rne
**R**amener

# Passeur

Face à la *sévérité* du monde, *pourquoi* ne pas *ramener* sur cette terre, un peu de douceur et d'éternité. Quelque chose qui aurait du *sens* et nous éloignerait de toute velléité du faire. Le nez dans les *étoiles*, il s'agirait tout simplement d'être.

Être humain à humain, sans risquer l'*anathème*. Serait-ce un jour possible ? À la veille de mettre notre bulletin dans l'*urne*, posons-nous la question de ce que nous voulons ! Car demain il sera trop tard. Soyons les *passeurs* de notre humanité.

Devenir mère, tout un programme ! Toute une vie, me direz-vous ! *Trouver* le bon mari, le géniteur, *sentir* qu'avec lui, point d'*usure* à l'horizon ! Peu à peu, un *retournement* se met en place. De la célibataire à l'épouse, puis de l'épouse à la mère. Sentir en effet que c'est le bon moment pour se lancer dans l'aventure.

*Fille* ou *garçon* ? Quand questionner le prénom de sa future progéniture devient un *amusement*. Et puis sa naissance vient *illuminer* votre vie. C'est alors le grand chambardement. Ce *nouveau*-né si petit en train de *téter* votre lait, nourriture charnelle et divine à la fois. Obligée de *ralentir*, de suivre son rythme. Puis peu à peu jouer les *arbitres* de sa vie. Son chemin file déjà, il grandit. Les étés à l'*île d'Oléron* sont loin. Vous voici arrivée à cet âge mûr où ils quittent le nid.

Que reste-t-il de tout ce passé, de don de soi et de moments volés où le temps s'était arrêté ? Une *transfiguration*, au-delà des mots. Je suis devenue une femme et une maman comblée par la vie. Mon âme est pleine de mes petits. Le divin s'est invité dans mon intimité. Chaque accouchement a relevé du miracle, révélant le merveilleux, la puissance du corps et de la vie et la présence d'un amour infini.

**T**rouver
**R**alentir
**A**musement
**N**ourriture
**S**entir
**F**ille
**I**lluminer
**G**arçon
**U**sure
**R**etournement
**A**rbitre
**T**éter
**I**le
**O**léron
**N**ouveau

Transfiguration

***V**olonté*
***A**ttitude*
***L**ointain*
***E**lever*
***U**nité*
***R**essource*
***S**olitude*

# Valeurs

Aussi loin que je me souvienne, mes parents défendaient avec une *volonté* farouche ce qui leur tenait à cœur : aider les autres à grandir et à avancer. Est-ce ainsi qu'ils nous ont *élevées*, ma sœur et moi ? Souvenirs *lointains* de les voir tant s'investir en tant que bénévoles et essayer de contribuer à leur manière à une forme d'*unité* sociale...

Cette *attitude* nous a parfois laissées dans l'incompréhension et dans une sorte de *solitude*. Comme il était difficile de vivre cette injustice, ce sentiment d'abandon ! Les autres semblaient plus importants que nous-mêmes, leurs propres enfants... Trouver en nous les *ressources* pour affronter nos propres difficultés ne fût pas toujours aisé. Chacune à sa façon s'est dirigée vers ce qui lui semblait bon, tâtonnant, hésitant mais avançant finalement.

Les années ont passé... Nous avons nous-mêmes fondé chacune une famille. Que reste-t-il des *valeurs* que nos parents nous ont transmises ?

Nous avons pris, ma sœur et moi, des chemins bien différents. Je ne peux que parler et écrire en mon nom. Ces *valeurs* d'entraide et de justice m'habitent bel et bien. Je les ai transformées à ma façon, les ai faites miennes avec, toujours, le souci de répondre en premier aux besoins de mes enfants.

Pourtant, mes parents vieillissant, une forme de loyauté ressurgit. Tout ce qu'ils ont été et ont investi m'apparait sous un autre jour. J'éprouve de la gratitude et une forme de respect pour tout ce qu'ils ont fait et nous ont donné. De l'indulgence aussi, pour tout ce qu'ils n'ont pas réussi à percevoir en chacune d'entre nous. La vie est ainsi faite : tout passe mais il reste en nous les traces de nos parents... qu'aurai-je transmis à mes propres enfants ?

De ma vie de jeune « *nana* », il me reste encore tant de *souvenirs*. Je fonçais dans la vie avec *vivacité*, ne me doutant pas que cette jeunesse pointerait tranquillement mais sûrement vers l'*épilogue* de mon existence... Le temps est un *usurpateur*. Il nous donne d'abord cet air *innocent*, un brin enfantin puis, tout d'un coup, nous jette dans le grand bain des adultes et nous voilà déjà à presque *ronronner* !

La plupart du temps, j'ai su nager. Parfois à contre-courant mais finalement, j'ai toujours atteint l'autre rive. Et me voilà bientôt sur les berges de ma vie. Ma jeunesse s'en est allée mais je garde encore ce goût *sucré-salé* de tous ces instants savourés. J'ai engrangé tant de *souvenirs* !

Il suffit de me poser, les pieds dans l'eau, la tête dans les nuages et de les chérir pour l'éternité...

**S**ucré
**O**pinion
**U**surpateur
**V**ivacité
**E**pilogue
**N**ana
**I**nnocent
**R**onronner
**S**alé

# Souvenirs

# Transplantation

**T**ravail
**R**etraite
**A**rpège
**N**aître
**S**upplanter
**P**oursuite
**L**enteur
**A**rrière
**N**arrer
**T**ournure
**A**rrêter
**T**irer
**I**rriguer
**O**ter
**N**uage

Dans quelques années, la *retraite* ! Lointaine et proche tout à la fois, saurai-je m'y préparer ? Passer d'un *travail* prenant et souvent passionnant à un chapitre de ma vie où la *lenteur* deviendrait le maître mot.

Je sens *naître* en moi l'envie de m'*arrêter* déjà, de me transplanter dans un univers où les *arpèges* de mon piano seraient rois. Ma vie prend déjà une autre *tournure*. Elle semble me *tirer* vers de nouvelles aventures ou naître à soi et se *narrer* par l'écriture, pourrait *supplanter* cette *poursuite* infernale.

Comme si passer d'un univers trépidant aux multiples *nuages* à l'*arrière*-cour de ma vieillesse baignée d'une douce lumière, allait *ôter* de mon chemin, tout obstacle à la sagesse. Une *transplantation* vertueuse dont mes racines s'abreuvent déjà, *irriguées* par la musique et les mots... La musique des mots.

# Bonheur

Faire de la *randonnée* est devenu vital pour moi, comme un art de vivre, auquel je ne pourrai plus déroger. Cette année, avec mon compagnon de route, nous avons décidé de tenter le *bivouac* en montagne. C'est ainsi que nous avons pris la direction du Trou de la mouche, dans les Aravis. Montés par la combe de Paccaly, après trois bonnes heures d'efforts et de sueur au soleil de cette chaude journée d'été, nous sommes arrivés sur un ultime plateau en haut du sommet et avons décidé d'y planter notre tente.

Quel *bonheur* de se retrouver là tous les deux, avec un *horizon* à 360 degrés, d'un côté la chaîne du Mont-Blanc et de l'autre la vallée du Grand-Bornand !

Nous étions seuls au monde, saisis par tant de beauté et de majesté. Nous avons assisté, envoûtés par cette immensité, à un magnifique coucher de soleil rosissant peu à peu tous les sommets. La nuit tombée, c'est la voie lactée qui nous a émerveillés. Emmitouflés dans nos sacs de couchage après une nuit un peu agitée par le vent, nous nous sommes réveillés avec, de nouveau devant nous, le Mont-Blanc ensoleillé. Quel spectacle ! Quelle *évasion* ...

Notre campement replié dans les sacs à dos, c'est l'*œil* du Trou de la mouche qui nous attendait. Après une ascension un peu délicate entre rochers et *névés*, nous voici arrivés dans cette cavité percée qui nous permet de basculer de l'autre côté, dans la combe du Grand Crêt, et d'amorcer notre descente vers la civilisation.

**B**ivouac
**O**eil
**N**évé
**H**orizon
**E**vasion
**U**rbain
**R**andonnée

Loin de tout paysage *urbain*, cette nature à l'état brut, nous fait goûter à l'absolu et nous ramène à l'essentiel. Que nous sommes petits dans ces montagnes où chacun de nos pas compte et doit être mesuré, à la faveur d'un rocher à escalader. Ce *bivouac*, avec juste ce qu'il fallait pour dormir et manger, fût comme un condensé de *bonheur* et une forme de spiritualité, le nez dans les étoiles au plus haut des sommets. C'est pourtant si simple à vivre et partager !

À l'évocation du mot transmission, que dirait-on du mot *patrimoine* ? L'*épreuve* est de *taille*. Sans vouloir tomber dans la caricature, il me faut bien m'y essayer. Explorer cette *nébuleuse* et essayer d'en rire tant ce mot pris *isolément* peut être l'*insigne* de multiples attentes et susciter espoirs tout autant que déconvenues !

Mais de quel *patrimoine* parle-t-on ? Je vous entends déjà *marmonner* et lever les yeux au ciel ! Je pourrais convoquer tout mon art *oratoire* pour ne pas dire divinatoire... mais ce mot-là, au sens premier du terme, ne m'inspire qu'à moitié. Serait-ce parce qu'il évoque avant tout la transmission dans son acception la plus matérielle où, à l'article de la mort, il s'agirait d'en assurer le legs ? Et s'il était tout autant que génétique, également culturel... ?

Je vous vois venir à questionner qui du gène *paternel* ou maternel j'aurais le plus hérité ! Heureusement, l'héritage ne s'arrête pas là. Il faut toute une vie pour se construire et sans trop vouloir philosopher, notre *patrimoine* semble bel et bien évoluer au gré de nos rencontres, de nos découvertes, de nos propres créations et des cultures apprivoisées... Mais qu'en est-il alors de notre matrimoine ?

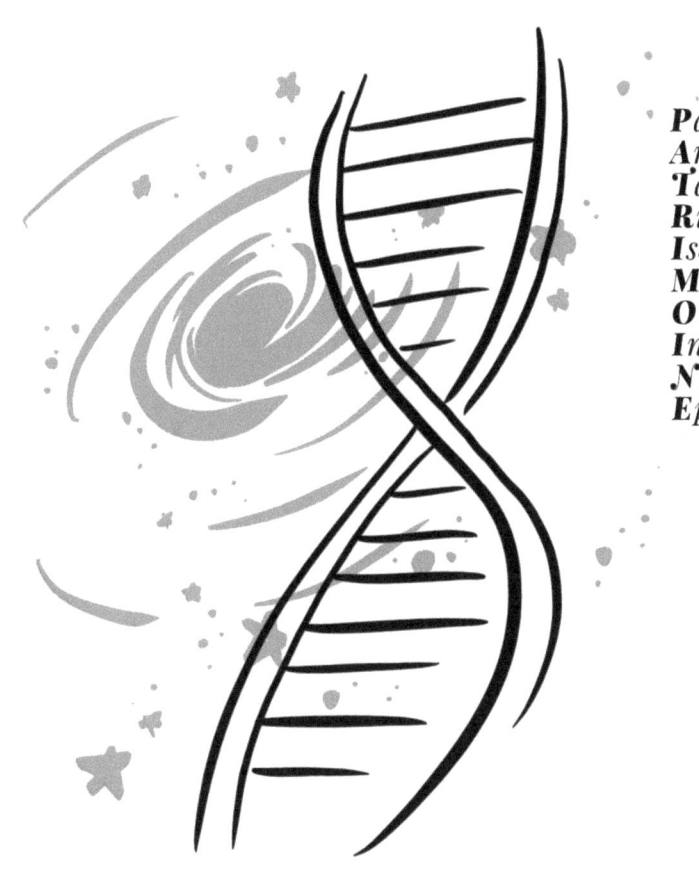

**P**aternel
**A**rticle
**T**aille
**R**ire
**I**solément
**M**armonner
**O**ratoire
**I**nsigne
**N**ébuleuse
**E**preuve

# Patrimoine

**H**abiter
**E**nergie
**R**egard
**I**ris
**T**aire
**A**ge
**G**oulûment
**E**ntrée

# Héritage

M on *entrée* dans l'*âge* mûr, m'a peu à peu ôté l'*énergie* de ma jeunesse, mais m'a aussi progressivement donné plus de sagesse. Mon *regard* sur le monde évolue. Jeune, mon horizon n'avait pas de limites. Je pensais *habiter* la terre, véritable citoyenne d'une planète que je voulais découvrir *goulûment*.

Puis peu à peu l'*iris* bleu de mes yeux a pâli. Moins scintillant mais plus profond, il a plongé dans mon intériorité. Aujourd'hui me *taire* devient une philosophie. Plus besoin de dire ou de crier. Il suffit d'aimer. L'amour en *héritage*. Voilà il est à portée de cœur. Nul besoin d'aller très loin ou de parcourir le monde. Regarde, il est à côté de toi. Savoure chaque instant délicatement.

# Translation

P asser d'un rôle à l'autre, être tour à tour femme, épouse et mère... Une *translation* depuis la nuit des temps, et qui pourtant peut provoquer tant de *sensations* contradictoires ! Comment *traduire* mes *tribulations* au pays de la féminité où *aimer*, et encore *aimer* et *aimer* encore trace ma route jusqu'au bout de la *nuit*.

Pourtant, un *retour* en arrière dévoile aussi toutes les difficultés à être soi, s'*irriter* de n'être plus que mère parfois. Et puis se perdre jusqu'à ce que la fatigue et la perte du goût de l'autre, sonnent le signal d'*alarme*. Me *limiter* à ce rôle d'épouse où ses bras me réconfortent tant, à ce rôle de mère que leurs regards enveloppent, serait pourtant un leurre.

Je suis une femme libre ! Au-delà des *nuisances* du quotidien, se retrouver. Retrouver ce goût de liberté, de créer et accepter cette *ouverture*. Un nouveau chemin où, unifiée, ma féminité transpire au travers de chacune de mes rides. Femme, épouse et mère, je suis et resterai...

**T**raduire
**R**etour
**A**larme
**N**uisance
**S**ensation
**L**imiter
**A**imer
**T**ribulations
**I**rriter
**O**uverture
**N**uit

**F**emme
**A**mie
**M**ontrer
**I**lot
**L**umineux
**L**ibellule
**É**treindre

# Famille

Être une *femme* est toute une aventure ! De mère en fille, la féminité se transmet-elle toujours ? Ou bien serait-ce auprès de sa meilleure *amie*, cet *îlot* de douceur et de sensibilité que l'on pourrait se *montrer* en toute intimité ?

Parfois, telle une *libellule*, je butine et me laisse porter à la surface de l'eau. Le temps s'écoule, je perds un peu le fil. Puis voici venu le week-end. Tout devient plus *lumineux*. Retrouver son *amie*, parler de tout et de presque rien... C'est comme si je partais rejoindre mon étoile, *étreindre* l'infini et redescendre sur terre pleine d'espoir et de vie. Je retrouve ma *famille*.

# Grand-mère

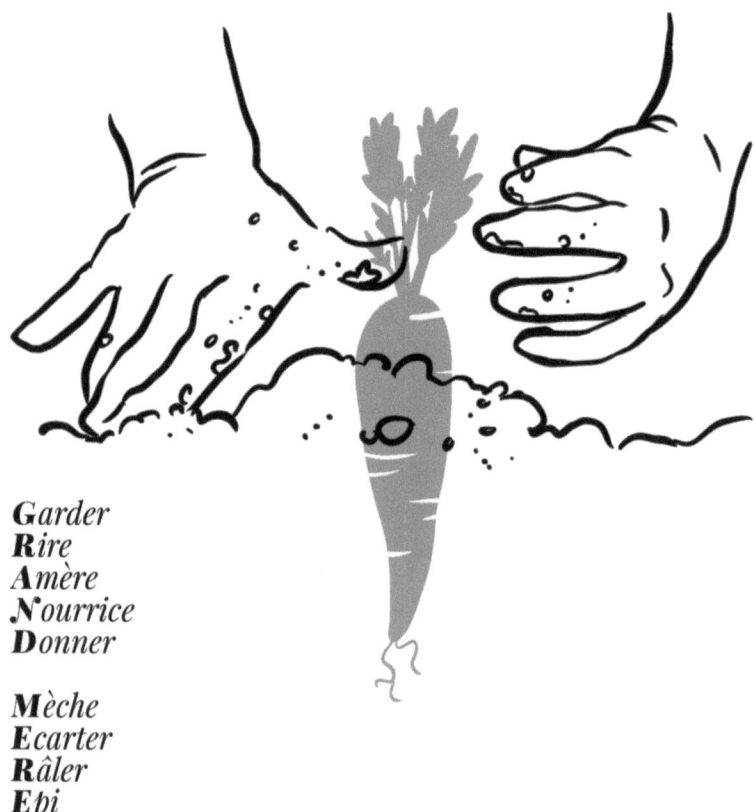

**G**arder
**R**ire
**A**mère
**N**ourrice
**D**onner

**M**èche
**E**carter
**R**âler
**E**pi

Ma *grand-mère* maternelle fût celle qui m'a élevée, ma «*nourrice*». Ma mère trop occupée par son travail et ses petits élèves a, bien souvent, passé le relai. Les mercredi après-midi, un peu *amère* d'être laissée pour compte, je restais donc avec cette *grand-mère* un peu revêche, un brin autoritaire mais dont le regard aimant suffisait à me faire oublier ma frustration. Pour elle, me *garder* revenait à me *donner* de son amour mais aussi de son temps pour « alléger » mes parents de certaines tâches ménagères...

Alors, entre deux coups de balai et quelques lessives, il y avait aussi des éclats de *rire*. Ma *grand-mère* avait, lorsque je lui racontais mes déboires d'adolescente, cette capacité à *écarter* d'un revers de la main, tous mes petits soucis.

Elle seule savait me redonner confiance. Elle ne doutait jamais de mes capacités. Ses yeux attendris me regardaient. Elle écoutait mes litanies puis, domptant mes *mèches* rebelles ou mes *épis*, elle concluait toujours en me faisant croire que je saurai trouver la solution.

Années après années, patiemment et à travers chaque petit geste du quotidien, ce n'était qu'encouragements, regards bienveillants. Même si parfois, elle ne pouvait s'empêcher de *râler*, elle veillait sur notre gynécée en maîtresse-femme sans jamais s'immiscer.

Dans son potager ou bien au cours de nos balades à travers champs, c'est elle qui m'a transmis ce goût de la nature et de la liberté.

De sa vie, je n'ai su que peu de choses. Pourtant, lorsque nous étions au beau milieu des carottes ou des pissenlits, ses mots simples ou la façon dont elle foulait la terre suffisaient à me faire sentir toute sa vie de labeur mais aussi son infinie tendresse... Il y avait quelque-chose dans ces moments-là qui ressemblait à des bulles d'éternité et où passait entre elle et moi, bien plus grand que soi.

# transmutation

Notre monde est en *transmutation*. Cette transformation totale m'apparaît comme une évidence. La *Terre* souffre de cette *saturation* de l'air et des eaux, de nos pollutions. Nos *usines* ont craché leurs déchets et leur venin. Notre surconsommation est à bout de souffle. Plus personne ne peut *nier* cet état de fait. Et pourtant, le monde *rural* continue de nous *alerter* pour nous *tirer* de notre torpeur. Nous sommes à un *tournant* de notre civilisation.

Arrêtons-nous de nous *agiter* ! Arrêtons de croire que tous ces biens matériels renouvelés sont le signe de notre modernité. Ils sont plutôt le signal de notre décadence. Il est temps de *mûrir* et de voir enfin où nous conduit cette spirale infernale des nouvelles technologies... Cette *onde* de choc qui se propage à l'infini précède l'épicentre de notre implosion. Qu'y a-t-il de *naturel* dans tout ce que nous mangeons, regardons, accumulons ?

La *Terre* crie. Elle nous appelle ! Sa beauté est en danger. Il serait pourtant si simple de nous laisser inspirer par elle. Elle nous lance des alertes à répétition : catastrophes naturelles, changement climatique, migration de population. N'est-il pas temps d'accueillir cette urgence absolue ? Qu'avons-nous besoin de consommer encore et encore ? Nos placards sont pleins à craquer. Notre système capitaliste a créé les pires inégalités, à l'autre bout de la planète et sous nos yeux.

Je n'ai pas de réponse ni de solution. Je pressens seulement que cette *transmutation* est inéluctable. Elle ne veut pas forcément dire que tout est fini. Elle appelle à une certaine gravité, mais aussi tellement plus de sobriété et de simplicité dans notre façon d'être au monde !

Je sens monter en moi cette aspiration si forte à me dénuder de toutes ces couches successives pour revenir à un essentiel, notre essence même d'êtres humains.

Créature parmi les créatures. Retrouver dans la nature qui nous entoure cet ordre divin. *Iriser* la surface de la *terre* des couleurs d'une ère nouvelle où l'homme ne prendra que sa place, rien que sa place. Et où notre *Terre*-Mère nous bercera de son chant le plus vieux du monde...

**T**irer
**R**ural
**A**lerter
**N**ier
**S**aturation
**M**ûrir
**U**sine
**T**ournant
**A**giter
**T**erre
**I**riser
**O**nde
**N**aturel

# Ancêtres

**A**rchaïsme
**N**uage
**C**avité
**E**tirer
**T**einte
**R**upestre
**E**crire
**S**acré

En m'enfonçant dans les *cavités* d'une grotte en plein milieu du Périgord, je remonte le temps. Vers des temps immémoriaux, le temps de nos ancêtres les premiers Homo sapiens, hommes de Cro-Magnon. Quelle émotion de voir au milieu des concrétions, stalagmites et stalactites, apparaître ici un cheval, là un bison !

Découvrir ces peintures *rupestres* venues de la Préhistoire, a quelque chose de magique et de bouleversant. Tout d'un coup notre humanité s'*étire*, perce les *nuages* de notre conscience, et je me sens communier avec mes ancêtres au-delà des temps.

*Écrire* ses émotions, ressentir tout d'un coup cette proximité avec les premiers hommes a quelque chose de *sacré*. Bien loin des *archaïsmes*, ces *teintes* ocres et mordorées touchent au plus profond de nos êtres. Ils étaient comme nous, ils devaient simplement chasser pour survivre, mais ils avaient à n'en pas douter une sensibilité, une finesse et un grand sens artistique.

Merci chers *ancêtres* de nous donner cette leçon d'humilité. Que je me sens petite et pourtant tellement en lien ! Leurs âmes flottaient dans cette grotte et moi je suis restée bouche-bée de bonheur et d'admiration.

L'*esprit rebelle* semble sourdre dans ma famille, de génération en génération. Il n'éclate pas toujours au grand jour, ni ne se fait *tonitruant* mais au détour d'une conversation *électrique*, peut pointer comme une *révolte* ancienne traînant en *longueur*, héritée mystérieusement de nos aïeuls.

Il ne m'est pas *rare* d'*éprouver* ce *sentiment*, ce goût de liberté, de vouloir changer le monde et cette envie farouche de m'opposer à l'ordre établi et aux bien-pensants. Je ne me fais pas d'*illusion*, je ne vais pas m'*écharper*. Tout juste vais-je oser dire ce qui me semble important.

Pourtant, dans la *lenteur* toute relative du temps qui passe, je continue de suivre mon *étoile*. J'ignore encore quel *pouvoir* il m'est donné mais je sais, devant tant de *beauté*, que la Nature est la seule reine et qu'il serait bien présomptueux de croire que l'on pourrait la dompter.

C'est elle qui m'inspire et nourrit mon goût de liberté. Peut-être mes ancêtres avaient-ils tout simplement ce respect de la Terre et se battaient-ils pour dignement s'en occuper. À moi de me saisir de ce qu'ils m'auront légué pour la préserver.

# Esprit rebelle

**E**charper
**S**entiment
**P**ouvoir
**R**évolte
**I**llusion
**T**onitruant

**R**are
**E**prouver
**B**eauté
**E**lectrique
**L**enteur
**L**ongueur
**E**toile

# Message ?

Cet air *marin* était-il porteur d'un message ?... *Affublée* de mon sac à dos, je parcourais le sentier des douaniers. Sortie de mon *ermitage*, il était facile d'envisager l'aventure. Pourtant, aucune *estampille* de Compostelle à l'horizon. Juste le ciel bleu à perte de vue, aucune influence de planètes : *Saturne* et ses anneaux se tenait à distance.

Tout était aligné pour me permettre de savourer le présent, ce moment de quiétude, et de *goûter* religieusement ce *saucisson* en guise de pique-nique. Alléluia !

**M**arin
**E**stampille
**S**aturne
**S**aucisson
**A**ffublée
**G**oûter
**E**rmitage

**E**tourdie
**S**ensible
**P**arader
**E**purer
**R**ivière
**A**lentour
**N**égatif
**C**roire
**E**chappée

# Espérance

*Étourdie* par tant de beauté *alentour*, je deviens *sensible* à la moindre cellule de vie. C'est comme si je ressentais tout plus intensément. J'ai suivi la *rivière* dans la montagne et cette *échappée* dans la nature sauvage et grandiose m'a permis de chasser tout le *négatif* de nos vies modernes. Plus besoin de *parader* ou de pérorer. Dans cette montagne magnifique et impressionnante, tout semble *épuré*. Aucun artifice. Je reviens à l'essentiel. Tous les éléments m'appellent à plus de légèreté.

Le bruissement des feuilles sous le vent, la brise qui soudain effleure mon visage, le chant d'un oiseau dans le sous-bois, les gargouillis du ruisseau. Je peux entendre et sentir jusqu'au déplacement de la plus petite fourmi. Lorsque je suis ainsi en symbiose avec la Nature, plus rien ne me fait peur. Tout semble à sa place et je suis une parmi tous les êtres vivants qui composent ce tableau : animaux, végétaux, minéraux... Je peux alors *croire* en une Création Divine où le Vivant m'unit au sacré et le monde me remplit d'*espérance* !

Transmettre. C'est *traverser* le temps d'un être à l'autre, tel un *rituel* de notre humanité. Alors que nous sommes en train de nous *noyer* dans cette surcharge d'informations, nous voulons jouer la *sécurité*, nous *obliger* à toujours plus de contrôle. Déjouer les *nœuds* de notre complexité au risque de nous couper de nous-mêmes et de nous *écarteler*.

Parfois, mes insomnies *nocturnes* s'*illuminent* de résurgences lointaines, enfouies dans mes rêves ou dans mes pensées qui tournent en rond. Comme un *arc-en-ciel*, elles me relient à cet héritage ancestral, transmis de génération en génération. Alors je prends les chemins de *traverse*. Mon esprit vagabonde. Je remonte le temps pour retrouver ce qui est important. Non, ce n'est pas tout *rose*, c'est plein de méandres et de circonvolutions. Difficile de s'y retrouver entre ce qui m'appartient et ce qui relève du passé. Le passé de mes ancêtres qui m'échappe et pourtant ressurgit.

La vie me le sert comme un plat dont on aurait enlevé la garniture. Le plus beau morceau est là, devant moi, prêt à être dégusté. À moins que ce ne soit moi qui finisse par être avalée toute entière, submergée par les émotions dont le sens semble m'échapper. Et là, au milieu de ce festin de mots et de sensations, je redécouvre mon *altérité*. La nouvelle ère sera à la *transgénération* ou ne sera pas. Là repose peut-être notre salut, la compréhension *élémentaire* de notre humanité et le chemin vers l'amour dont nous avons bel et bien hérité : envers soi, envers l'autre et par-delà les générations.

# Transgénération

**T**raverser
**R**ituel
**A**rc-en-ciel
**N**oyer
**S**écurité
**G**arniture
**E**lémentaire
**N**octurne
**E**carteler
**R**ose
**A**ltérité
**T**raverse
**I**lluminer
**O**bliger
**N**œud

# Racines

**R**évélation
**A**ncien
**C**hoix
**I**maginer
**N**oël
**E**ffiler
**S**ens

Lorsque le temps de *Noël* arrive, c'est pour moi le temps de retrouver un peu de mes *racines*. C'est d'ailleurs toujours un *choix* cornélien : passer les Fêtes en Alsace, ma région d'adoption et de cœur, ou retrouver la Bourgogne, terre de mes ancêtres où mes parents sont maintenant les plus *anciens* de la famille. *Imaginer* passer Noël loin d'eux fait perdre une partie de son *sens* à cette fête qui nous réjouit la plupart du temps !

Mais à mesure que les années filent et s'*effilent*, passer Noël différemment ne cesse de m'interpeller. Mes enfants et ceux de ma sœur sont devenus grands. Les petits neveux font leur apparition mais ne sont pas toujours présents.

Pourquoi alors, ne pas se retirer dans un refuge de montagne loin du monde pour enfin ressentir, tel une *révélation*, ce moment de communion et de Lumière au plus près des étoiles ?

Ne serait-ce pas là que mes *racines* se vivraient réellement, en lien à ma famille, à mes ancêtres mais aussi à tous les êtres humains ? Loin de toute mondanité et de cette surabondance matérielle qui a fini par dénaturer l'Esprit de *Noël*, il me plairait de m'échapper.

Je fais la *moue*... Je cherche dans ma *mémoire* le *murmure* des mots qui m'aurait dit un jour : « tu écriras pour transmettre ». J'imagine ce clan de mes ancêtres qui, bardés de leurs *épitaphes* en lettres d'or ou d'*ivoire*, répètent depuis l'outre-tombe ce lancinant *refrain* : écris, écris pour nous faire vivre !

Alors, je prends la plume et je laisse s'*envoler* mes pensées et leurs déclinaisons de mots. Elles s'accrochent et rebondissent dans l'éther de cet air que je respire. Elles frôlent parfois l'*ourlet* de mes paupières pour s'immiscer dans mes rêves. Mais, au final, j'ai cette étrange sensation d'obéir à une loi qui régit depuis l'origine des temps que mes ancêtres ont traversés, celle de dire d'où je viens et qui ils étaient. Faire *mémoire* pour ne rien oublier et faire passer.

**M**urmure
**E**pitaphe
**M**oue
**O**urlet
**I**voire
**R**efrain
**E**nvoler

# Mémoire

# Passion

**P**arole
**A**lerter
**S**oin
**S**ourire
**I**llusion
**O**rientation
**N**aviguer

Depuis plus de 25 ans, je sème... Je sème avec *passion* des petites graines dans chaque *parole* que je distille avec *soin* et moultes précautions.

Jamais je n'aurais imaginé *naviguer* aussi longtemps dans ce monde de «l'éducation». Ce métier auquel je suis venue après une reconversion, n'était pas une vocation. Entourée d'enseignants dans ma famille, je ne me faisais guère d'*illusions*. C'est non sans un *sourire* que je regarde en arrière ce choix que j'ai fait. Guidée par une petite voix qui, loin de m'*alerter*, me donnait à croire en mes capacités.

En quête de sens dans mon premier métier, je ne m'y retrouvais plus et venir m'occuper de jeunes fut comme une seconde nature. Au fur et à mesure des années, c'est la *passion* de l'humain qui m'a menée.

Parler d' avenir, être disponible à ces moments charnière où les questions d'*orientation* se font plus présentes et pesantes. Se réjouir de voir des étincelles dans leurs yeux parfois. Parce que pour une fois, quelqu'un y croit et laisse voir tout le champ des possibles.

Et puis s'émerveiller encore des ressources que chacun porte en soi, sans jamais se lasser.

# Acceptation

S oudain, tout s'est *accéléré*. J'ai senti que je n'avais pas le choix. *Acceptation* : oui, c'est cela. Accepter que cela soit ainsi. Une fois n'est pas *coutume*, m'écouter jusqu'au bout. Sortir des lieux *communs* et *étirer* jusqu'à l'infini ce fil, cette toile pour aller au-delà des apparences. *Poursuivre* mon chemin, larguer les *amarres* de cette réalité au confort *trompeur*.

Je ne sais quelle *tournure* va prendre ce voyage intérieur. Vais-je imiter mes prédécesseurs ou bien aller bien plus loin, pour que plus rien ne tombe dans l'*oubli*. Accueillir la *nouveauté*. Ne plus avoir peur. Accepter d'être le passeur de quelque-chose qui m'échappe déjà, de bien plus grand que moi.

**A**ccélérer
**C**ommun
**C**outume
**E**tirer
**P**oursuivre
**T**rompeur
**A**marre
**T**ournure
**I**miter
**O**ubli
**N**ouveauté

**P**rouver
**E**honté
**U**buesque
**R**etour
**S**alir

# Peurs

Pourquoi avoir *peur* ? Quels sont ces cris *éhontés* qui hurlent à l'intérieur de moi ? À force de vouloir poursuivre l'impossible et l'inaccessible, il ne m'est donné aucun répit. Comment sortir de cette boucle infernale où se mettre au défi sonne le glas d'un *retour* à une vie normale ?

Il en aura fallu des situations *ubuesques* dont je me suis efforcée de sortir sans être salie. A force de courage mais aussi d'une énergie démesurée pour affronter mes *peurs* et leurs chimères, j'ai fini par comprendre qu'il ne servait à rien de se tendre à soi-même des pièges.

Nos *peurs* sont celles que l'on nous transmet et que nous entretenons par nos propres croyances. Ces schémas dans lesquels nous nous coinçons nous-mêmes jusqu'à l'infini. Heureusement, prendre conscience de nos limites est le plus court chemin pour y mettre fin. Et puis les accepter, sans n'avoir plus rien à *prouver*.

# Maison de vacances

Nous y voici, dans cette *maison de vacances* ! Le début de l'été tant attendu, pour larguer les amarres. Déjà, l'arrivée sur l'*île*, en traversant le pont, nous envoie son air *marin*. Nous ne cessons, année après année, d'*admirer* cet horizon. A peine installés dans cette maison où nos enfants ont grandi chaque été, nous courrons vers la dune, foulons ce *sable doré*, humons ces senteurs inégalées de sel, plantes aromatiques, tamaris et

**M**arin
**A**dmirer
**I**le
**S**able
**O**léron
**N**ager

**D**oré
**E**treindre

**V**alse
**A**bandonner
**C**abane
**A**ncre
**N**uage
**C**ourbe
**E**ssorer
**S**oleil

chardons qui embaument l'air et vivifient nos sens et nos souvenirs. Comme une madeleine de Proust, ils m'invitent à jeter l'*ancre*.

Je m'installe alors sur les chaises longues de la terrasse protégée et je me laisse caresser par cette brise matinale avant d'aller *nager*... Tout ici porte à se laisser aller. *Île d'Oléron*, la lumineuse, ton soleil sur nos peaux peu à peu hâlées nous fait à chaque fois un bien fou. Ce chemin à travers la forêt puis la dune nous emmène vers la côte sauvage dont les *courbes* bougent et changent à chaque marée. *Essorée* parfois par les rouleaux d'un océan agité ou bercée par le doux va-et-vient d'une vague léchant le *sable* mouillé, j'aime m'y prélasser. Ce morceau de dune oublié, que la *valse* des touristes semble épargner, nous nous y réfugions comme pour mieux *étreindre* nos rêves, entre balades et pique-niques au *soleil* couchant.

Chaque moment passé sur cette plage est l'occasion de se ressourcer, d'imaginer aussi le reste de l'été. La pêche aux crevettes vient agrémenter les apéros délicieusement arrosés de Pineau aux reflets rouges ou mordorés. Les palourdes ramassées à marée basse donnent l'opportunité de s'essayer à de nouvelles recettes et de régaler toute la maisonnée. Lorsque les *nuages* s'amoncellent, les *cabanes* colorées nous font découvrir de belles nouveautés, à moins d'enfourcher nos vélos pour parcourir quelques pistes et finir par retrouver la grand-plage ensoleillée.

Cette maison d'Oléron est devenue année après année un petit paradis bien difficile à quitter. Imaginer l'*abandonner* à des étrangers me brise le cœur...

M on mari a d'innombrables *talents* ! Il semble donner vie à tout ce qu'il *touche* : objets, bois, images numériques, activités sportives ... C'est comme s' il avait décroché la *toison* d'or et pouvait, à l'infini, se lancer dans de nouvelles aventures créatives ! Je reste pleine d'admiration devant tant d'ingéniosité.

C'est un *émerveillement* de découvrir ce qu'il aura créé. Rien n'est *alambiqué*, tout n'est que simplicité et authenticité. À la *lueur* de ces expériences accumulées, il se lance encore dans une nouvelle aventure, avec confiance et détermination.

J'ai cessé de chercher le *nœud* de tant de passions. Je le regarde aller, et ne peux que l'aimer. Son âme d'enfant me rejoint et je me réjouis infiniment de tout ce qu'aux autres, il transmet.

# Talent

*T*oison
*A*lambiqué
*L*ueur
*E*merveillement
*N*oeud
*T*ouche

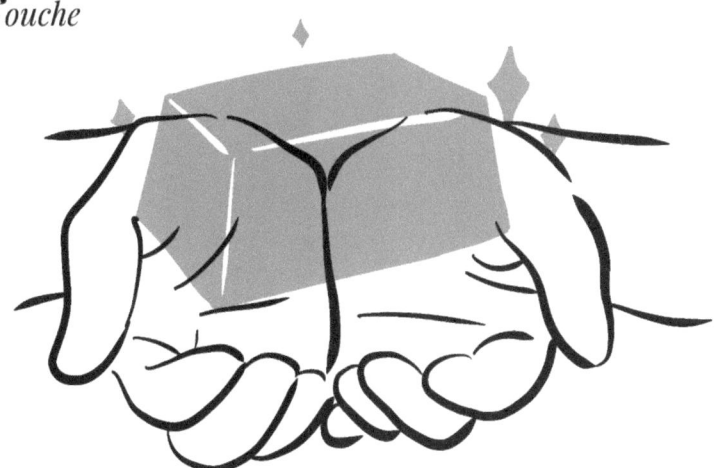

**C**oeur
**O**bligation
**N**u
**T**arir
**A**rdent
**M**inoré
**I**nitiation
**N**arguer
**A**tavisme
**T**urpitudes
**I**nonder
**O**lympique
**N**arcisse

# Contamination

Telle une source que nous ne voudrions voir se *tarir*, cette joie qui me va droit au *cœur* m'inonde de bonheur. Il y a de la contagion dans l'air, voire une véritable *contamination*.

Mon enthousiasme est-il un *atavisme* qu'on aurait *minoré* et qui se fait chaque jour plus *ardent* ? De nos *turpitudes* politiques et nationales, les jeux *olympiques* nous ont mis dans l'*obligation* de nous éloigner. Telles des *Narcisses* mis à *nu*, nous nous sommes regardés en face et l'*initiation* a fait mouche. *Inondés* de bonheur, nous avons collectivement pris goût à la joie d'être ensemble, à la solidarité. Tout d'un coup, les Français sont apparus sous leur meilleur jour : chaleureux, souriants, faisant preuve de tolérance et de fair-play.

Qui l'aurait cru ? les jeux *olympiques* 2024 resteront gravés dans nos mémoires comme la preuve que nous pouvons vivre autrement. Permettez-moi d'y croire et laissez-moi rêver. Ne fermons pas trop vite cette parenthèse enchantée et ne laissons pas la morosité à nouveau nous *narguer* ! Sinon, que transmettrons-nous à nos enfants ?

♥

Considérer l'*amour* comme une *maladie* est la pire des inepties. Comment rester *mutique* devant tant d'absurdités qui feraient *louvoyer* au risque de nous *emmurer* !

Car oui, aimer demande une *attention* de tous les jours. Rien n'est jamais acquis. Il ne suffit pas de *dodeliner* de la tête pour signifier à l'autre que nous l'aimons ! Bien souvent, nous nous exprimons maladroitement et ce sont ces signaux *involontaires* qui indiquent à l'autre quel amour nous lui portons finalement.

Alors oui parfois, l'amour, c'est difficile et cela peut faire mal. Mais c'est ce qui nous rend vivants et vouloir l'éviter sous peine de souffrir nous éloigne à jamais de notre humanité et de la seule chose que nous ayons à vivre sur cette terre. De grâce, laissons-nous contaminer !


**M**utique
**A**mour
**L**ouvoyer
**A**ttention
**D**odeliner
**I**nvolontaire
**E**mmurer

# Maladie

# Goût de l'autre

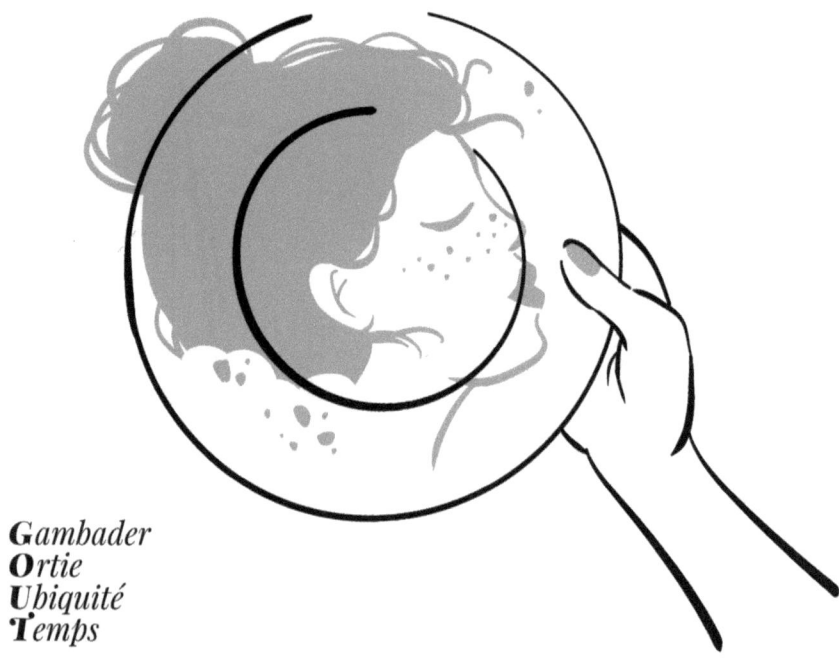

**G**ambader
**O**rtie
**U**biquité
**T**emps

**D**ommage
**E**ntrée

**L**ien
**A**ttirance
**U**nique
**T**arauder
**R**evenir
**E**nfance

Depuis l'*enfance*, j'ai toujours eu le *goût de l'autre*, l'envie furieuse et curieuse de connaître celui ou celle que je croisais, côtoyais. Il m'arrivait même d'être *taraudée* de questions pour comprendre et cerner cette *attirance* qui me ramenait toujours à mon prochain. Je n'avais pas pléthore d'amis mais j'en avais de très bons et il m'importait de *revenir* vers eux m'enquérir régulièrement de leur état et de leurs ressentis.

De ce lointain passé, il me reste l'impression qu'il était vital pour moi que je sois en *lien* avec eux. Puis j'ai fait mon *entrée* dans le monde des adultes et peu à peu, ces amitiés si *uniques* se sont évaporées. Nous avons suivi nos chemins, à *gambader* par monts et par vaux, et même parfois, par de-là les océans.

Le *temps* a passé. Quel *dommage* de ne pas avoir eu ce don d'*ubiquité* et de n'avoir pu rester dans la campagne de mon *enfance*, tout en partant à la découverte du monde ! J'aurais peut-être pu garder plus de ces amis si chers à mon cœur d'adolescente et les retrouver année après année...

Mais à quoi servent les regrets ? Jetons-les plutôt aux *orties* et voyons combien il m'a été donné de continuer de rencontrer et de nourrir de très belles et nouvelles amitiés tout au long de ma vie.

Je me suis laissée *harponner* par ce projet insensé d'écriture. Il m'a fallu *évincer* mes peurs et mettre de côté mes approches trop *timides* pour *étirer* davantage et bien au de-là de tout ce que j'aurais pu croire, tout ce que le mot transmission avait à me dire.

Parle-t-on d'*hérédité* quand cette folie me guette jusqu'à oser croire que mes petits récits quasi autobiographiques seraient autre chose que de pâles *imitations* ? Je n'ai aucune prétention et encore moins l'esprit *retors*. Je veux juste rester *digne* et vraie dans cette *étreinte* des mots, qui m'appelle et ne me lâche plus.

# Hérédité

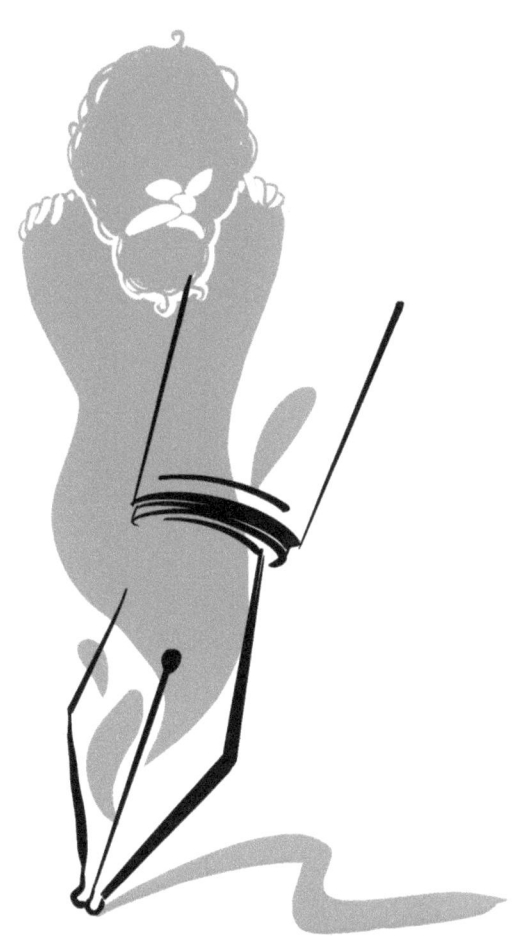

**H**arponner
**E**tirer
**R**etors
**E**treinte
**D**igne
**I**mitation
**T**imide
**E**vincer

Pour accompagner ce voyage au bout de la transmission, ce titre à écouter sans modération, comme tout l'album éponyme :

« Mon Sang »
CLARA LUCIANI - *Mon Sang*

## Remerciements

Merci à Nathalie Meyer de m'avoir permis de retrouver ce goût savoureux de l'écriture et un peu de mon âme d'enfant au travers de ses ateliers. Tes encouragements m'ont permis de me lancer dans cette aventure.

Merci à ma nièce Caroline d'avoir accepté d'illustrer mes textes de sa patte unique. Tu as su t'adapter à chacune de mes demandes, permettant d'atteindre le bon équilibre dans cette partition délicate à deux. Découvrez son univers : linktr.ee/lamurette

Merci à mes chères relectrices, Nathalie, Marie-Andrée, Fanny et Denise. Vos retours ont été si précieux et tellement précis. Jamais je n'aurais soupçonné qu'ils nous permettent une telle richesse et profondeur d'échanges. Merci également à mes comparses de l'atelier d'écriture pour leurs retours sur les pages de couverture. J'éprouve une immense gratitude et un sentiment de sororité partagée.

Merci à mon mari, Gaëtan, d'avoir cru en ce projet un peu fou d'écriture et de mise en mots. Comme à ton habitude, tu as généreusement mis à contribution nombre de tes talents pour m'accompagner inconditionnellement dans cette nouvelle aventure.

Merci à mes parents pour leur soucieuse générosité. Sans le savoir, vous avez déclenché un véritable processus de dialogue et d'apaisement sur le chemin de la transmission.

Merci à mes amis d'avoir éclairé ma vie. Vos regards mi-amusés mi-étonnés m'ont donné envie de vous surprendre encore.

Merci à mes enfants de m'avoir permis de devenir leur maman. Vous illuminez encore et toujours notre vie. Je vous aime.

## *Panier de mots*

Transmission..................................................10
Donner vie ................................................ 13
Flambeau ...................................................15
Émotions ................................................... 16

Transition ................................................. 18
Caractère ................................................. 20
Chemin...................................................... 23

Transformation ........................................ 24
Message !.................................................26
Humour......................................................29
Sensibilité ................................................30

Transportation......................................... 33
Connaissance .......................................... 34
Lumière...................................................... 37
Culture .......................................................38
Passeur..................................................... 41

Transfiguration ........................................ 43
Valeurs......................................................44
Souvenirs ................................................. 47

Transplantation .......................................48
Bonheur ....................................................50
Patrimoine ................................................ 53
Héritage .................................................... 55

| | |
|---|---|
| Translation | 56 |
| Famille | 59 |
| Grand-mère | 60 |
| | |
| Transmutation | 62 |
| Ancêtres | 64 |
| Esprit rebelle | 67 |
| Message ? | 68 |
| Espérance | 71 |
| | |
| Transgénération | 73 |
| Racines | 74 |
| Mémoire | 77 |
| Passion | 78 |
| | |
| Acceptation | 80 |
| Peurs | 82 |
| Maison de vacances | 84 |
| Talent | 87 |
| | |
| Contamination | 89 |
| Maladie | 91 |
| Goût de l'autre | 92 |
| Hérédité | 95 |

Achevé d'imprimer dans l'U.E.
en avril 2025 pour le compte
de Books on Demand,
par Libri Plureos GmbH.